La Mujer sin Lágrimas

The Tearless Woman

Mayra A. Díaz

ISBN: 978-9962121053

DEDICATORIA

Dedico este libro a toda mi familia por todo el amor que he recibido de ellos. En especial a mi querido esposo por sus consejos, dedicación y entrega a nuestra familia.

TABLA DE CONTENIDO

AGRADECIMIENTO

Quiero agradecer a todas la personas que hacen posible que este libro y muchos otros lleguen a los lectores en todo el mundo.

¿CÓMO ESTA ORGANIZADO ESTE LIBRO?

Este libro está organizado para que el lector tenga del lado izquierdo el capítulo en español y del lado derecho el capítulo en Ingles. La intensión de este formato es que para el lector sea fácil encontrar las nuevas palabras o frases cuyo significado desconoce.

CAPÍTULO 1 – ¿QUIÉN ES ANA?

Ana acaba de cumplir sesenta y cinco años de edad, pero tiene la apariencia física de una mujer aún mayor. Su cabello está lleno de canas, su piel está arrugada. Sus ojos verdes se ven cansados y sin brillo. Le gusta comer ensaladas, lo cual le ha ayudado a mantenerse delgada. Ella solía jugar tenis y caminar todos los días. Es madre de tres varones que le han dado cinco nietos alegres y traviesos. Después de muchos años ella continúa casada con José, el hombre que le robó el corazón.

Hoy, Ana fue a visitar al quinto oftalmólogo en menos de dos meses. Ella tiene un problema poco común en sus ojos - sus ojos están secos, no producen lágrimas. Los doctores anteriores no han podido ayudarla con la resequedad que siente en los ojos. Sus nietos, a quienes no se les escapa nada, la llaman "La mujer sin Lágrimas".

Paco, el hijo mayor de Ana, está acompañándola hoy en su visita a la clínica. Normalmente es José, su esposo, quien la acompaña a hacer todas las diligencias porque Ana nunca aprendió a conducir un automóvil. Ella siempre depende de que alguien la lleve y la traiga para atender sus diligencias fuera de casa. En esta ocasión José se quedó en casa porque está enfermo: tiene fiebre y una severa congestión nasal que lo mantienen en cama.

Carmen, la esposa de Paco, no se lleva muy bien con la familia de su esposo. Ella piensa que Ana se hace la víctima para que Paco la esté atendiendo. Y considera además que los hermanos de Paco deberían compartir su responsabilidad como hijos y atender más a su madre.

CHAPTER 1

Ana has just turned sixty-five years of age but has the appearance of an even older woman. Her hair is hoary, her skin is wrinkled. Her green eyes are tired and dull. She likes to eat salads, which has helped her stay thin. She used to play tennis and walk every day. She is the mother of three sons who have given her five grandchildren, all cheerful and mischievous. After many years she is still married to Jose, the man who stole her heart.

Today, Ana went to visit the fifth ophthalmologist in less than two months. She has an unusual problem with her eyes – they are dry, and they do not produce tears. Previous doctors have been unable to help with the dry feeling in her eyes. Her grandchildren, who do not miss anything, call her "The Tearless Woman".

Paco, the eldest son of Ana, is accompanying her today while visiting the clinic. Normally Jose, her husband, is the one who accompanies her to do all the diligences because Ana never learned to drive a car. She always depends on someone to drive her so she can do her errands outside the home. This time Jose stayed home because he is sick; fever and severe nasal congestion are keeping him bedridden.

Carmen, Paco's wife, does not get along well with her family in law. She thinks Ana is always playing the role of a victim so that Paco assists her all the time. Carmen also believes that Paco's brothers should share the responsibility of helping their mother out.

CAPÍTULO 2 - ANA VISITA AL DOCTOR

El Dr. Rodríguez, según la opinión de todos sus pacientes, es el mejor oftalmólogo que hay en el mundo. Es un médico muy comprometido y tenaz que se dedica a analizar cada caso en detalle para encontrar el problema de todos y cada uno de sus pacientes. Si no puede lograr que su paciente se recupere completamente, por lo menos logra que, al terminar su tratamiento, se sientan mucho mejor que cuando llegaron a verlo por primera vez.

Ana ya está un poco cansada de tener que visitar a tantos médicos diferentes. No solo es por el dinero, sino también porque a ella no le gusta salir de su casa. Esta vez ya no quiere que le realicen ninguna prueba más, ella ha llevado consigo a la cita todos los resultados de los exámenes de laboratorio y estudios que los anteriores médicos le han realizado hasta ahora. No quiere perder más tiempo, pues ya ha tenido que tolerar por varios meses la resequedad en los ojos. Y últimamente, prefiere mantener sus ojos cerrados por la incomodidad y el dolor que siente cuando los abre.

En este momento, una pequeñísima brusca en el ojo sería casi como una aguja punzante. Cada vez que sale de su casa, Ana utiliza anteojos oscuros para proteger sus ojos resecos del sol y de la brisa. Además, ha probado las lágrimas artificiales, pero sin éxito.

CHAPTER 2

Dr. Rodriguez, in the opinion of all his patients, is the best ophthalmologist in the world. He is a very committed and tenacious doctor who is dedicated to analyzing each case in detail to find the problem of each and every one of his patients. If he cannot get his patient fully recovered, he at least ensures that at the end of treatment, they feel much better than when they first came to see him.

Ana is already a little tired of having to visit many different doctors. It is not just about money, but also because she does not like leaving home. This time she does not want the doctor to perform any more tests, so she has brought to the appointment with her all the results from all the tests previously done by the other doctors. She does not want to lose any more time, as she has already had to tolerate her dry eyes for several months now. And lately, she prefers to keep her eyes closed because of the discomfort and pain she feels when she opens her eyes.

At present, if anything small gets into her eyes, it would feel almost like a sharp needle. Each time she leaves home, Ana uses dark eyeglasses to protect her dry eyes from the sun and the breeze. She has also tried artificial tears, but without success.

CAPÍTULO 3 - EL DOCTOR RODRÍGUEZ

El Dr. Rodríguez tiene una clínica muy grande, y es evidente que no ha escatimado en gastos para sorprender e impresionar a sus pacientes. La única excepción es su propio escritorio, el cual es muy viejo, aunque está bien conservado.

El Doctor Rodríguez saluda a Ana y ella toma asiento. Luego, ella le explica el problema que tienen y le entrega al médico un sobre que contiene los resultados de todos los exámenes que le practicaron los otros médicos que visitó antes. El doctor estudia en silencio los documentos que trajo Ana. Él estudia con detenimiento la primera página, luego pasa a la segunda. Revisa todos los resultados que trajo Ana y luego regresa nuevamente a la primera página que estaba leyendo.

Paco, un poco impaciente, le preguntó al médico: "¿Puede usted curar a mi mamá?" El doctor puso todas las páginas que tenía en sus manos de vuelta sobre el escritorio. Miró en silencio a Paco y luego a Ana. "Los otros oftalmólogos que revisaron a Ana obtuvieron resultados muy similares en las pruebas realizadas" – dijo el médico dirigiéndose a Paco. Ahora, miró fijamente a Ana. "Ana, usted no tiene ninguna obstrucción o daño físico en sus ojos. Es decir, su producción de lágrimas debe ser normal". – contestó el médico, con mucha certeza y autoridad.

Paco y su mamá miran fijamente al médico, sin entender lo que él está tratando de explicarles. "¿Y qué significa eso doctor?" - preguntó Ana. "Significa que les voy a pedir que por favor regresen nuevamente a la sala de espera por unos minutos." – dijo el doctor, tratando de tranquilizarlos. "Necesito atender a mi último paciente del día y luego los haré pasar a ustedes nuevamente, solo me debe tardar unos minutos." - agregó.

CHAPTER 3

Dr. Rodriguez has a huge clinic, and clearly has spared no expense surprising and impressing his patients. The only exception is his own desk, which is very old, but well preserved.

Dr. Rodriguez greets Ana, and she sits. She then explains the problem she has and gives the doctor an envelope that contains the results of all the tests already performed by the other doctors she visited before. The doctor quietly studies the documents brought by Ana. He carefully looks over the first page, then goes on to the second. He checks all the results and then returns back to the first page he was reading.

Paco, a bit impatient, asks the doctor, "Can you heal my mom?" The doctor puts all the pages in his hands back on the desk. The doctor looks silently at Paco and then looks at Ana. "The other ophthalmologists who performed some tests on Ana obtained very similar results," says the doctor addressing Paco. He then looks at Ana and says, "Ana, you have no obstruction or physical damage in your eyes, meaning your tear production should be normal," with much certainty and authority.

Paco and his mother stare at the doctor without understanding what he is trying to explain. "What does that mean doctor?" asked Ana. "It means that I'm going to ask you to return back to the waiting room for a few minutes," the doctor said, trying to reassure them. "I need to attend my last patient of the day and then I'll go to you again, this should only take a few minutes," he added.

CAPÍTULO 4 - LA ESPERA

Paco ayudó a su mamá a levantarse, porque aunque Ana es una mujer relativamente fuerte aún, levantarse ella sola de una silla ya no le es tan fácil. Hace un par de años ella sufrió una caída, se lastimó la cadera, y desde entonces tiene problemas para levantarse sin ayuda.

Tal como les solicitó el médico, Paco y Ana fueron nuevamente a la sala de espera. Ambos estaban pensativos e intrigados. En su mente se preguntaban: "¿Qué habrá querido decir el doctor? ¿Estará seguro de su diagnóstico? ¿Cómo es posible que la producción de lágrimas sea normal y a la vez tener los ojos secos? Algo no tenía sentido para ellos...

Ambos esperan impacientes, pero sin emitir sonido alguno. Están concentrados cada uno en sus propios pensamientos y en su diálogo interno: muchas preguntas y ninguna respuesta. Los minutos parecen horas. Paco mira su reloj una y otra vez. Ana se siente muy nerviosa, y sus piernas empiezan a temblar. Paco siente la vibración en el asiento que comparten, mira con empatía a Ana y la abraza para tranquilizarla.

Paco utiliza su teléfono móvil para llamar a su esposa Carmen. En la conversación acuerdan que Carmen se encargará de recoger a los niños cuando salgan de sus clases de música. Todo parece indicar que Paco no va a poder llegar a tiempo al conservatorio para recogerlos y llevarlos a su casa. Discuten un rato, porque Carmen piensa que quizás sea mejor llevar a Ana a su casa ya, en lugar de quedarse esperando al médico por más tiempo.

Carmen está molesta con Paco. "Esto es lo mismo que siempre te digo, tu mamá te manipula y se comporta como una egoísta a quien no le importa con los demás"... – se queja Carmen.

Su conversación se interrumpe cuando el doctor (según lo acordado unos diez minutos antes) los vuelve a llamar para que Ana regrese al consultorio.

CHAPTER 4

Paco helped his mother to get up, because even though Ana was a relatively strong woman, getting up from a chair on her own is no longer so easy. A couple of years ago she suffered a fall, injuring her hip, and since then has trouble getting up without help.

As the doctor requested, Paco and Ana again went to the waiting room. Both were thoughtful and intrigued. In their own mind both wondered, 'What did the doctor mean? Is he sure of his diagnosis? How is it possible that tear production is normal and yet the eyes are dry?' It just didn't add up...

Both eagerly wait, but neither talked. They are concentrated on their own thoughts and inner dialogue; many questions and no answers. The minutes seem like hours. Paco looks at his watch again and again. Ana is very nervous and her legs begin to tremble. Paco feels the vibration in the seat they share; with empathy, Paco hugs Ana to reassure her.

Paco uses his mobile phone to call his wife Carmen. In the conversation they agree that Carmen will pick up the kids when they finish their music lessons. It seems that Paco will not be on time to pick them from the Conservatory and take them home. They discuss this for a while, because Carmen thinks that perhaps it is better to take Ana home instead of waiting for the doctor and staying longer.

Carmen is upset with Paco. "This is the same thing I always say, your mom is manipulating you, and behaves like a selfish person who does not care for others"... Carmen complains.

Their conversation is interrupted when the doctor, as agreed ten minutes earlier, calls Ana to come back to the office.

CAPÍTULO 5 – DE REGRESO DONDE EL DR.

Paco nuevamente ayudó a su mamá a levantarse. Juntos caminaron hasta la puerta del consultorio. La secretaria se estaba despidiendo del doctor, porque su jornada de trabajo había terminado. En esta ocasión le tocará al doctor apagar todo y cerrar el consultorio él mismo.

"Gracias por esperar" - dijo el Doctor mientras los hacía pasar.

El Doctor Rodríguez miró a Ana y comentó: "Cuando revisé sus exámenes, tal como le expliqué antes, no pude encontrar ningún indicio de que usted padezca alguna enfermedad, ni de que tenga algún problema físico en sus ojos. Sé que esto va a sonar un poco extraño, pero todo parece indicar que usted ha reprimido de forma consciente o inconsciente el impulso de llorar que todos en alguna medida tenemos".

El médico les contó que en todos sus años como oftalmólogo nunca había conocido a alguien sano como Ana, y que, a pesar de presentar resultados perfectos en sus exámenes médicos, tuviera problemas para producir lágrimas. Sin excepción, en cada caso que había atendido, siempre pudo encontrar algún indicio que lo ayudaba a diagnosticar cuál era el problema; pero el caso de Ana era diferente.

Paco y Ana siguen mirando al doctor fijamente, esperando con ansiedad el resto de su explicación.

"Mi compromiso es ayudar a todos mis pacientes, por eso, quiero escuchar con calma su historia. Ahora que todos se han ido puedo escuchar sin interrupciones y sin estar preocupado porque tengo algún otro paciente esperándome" - aclaró el doctor.

"Empecemos por dos preguntas sencillas" – agregó el médico. "¿Ana, ¿puede usted recordar cuándo fue la primera vez? y ¿Cuándo fue la última vez que lloró profundamente?" – preguntó con gran curiosidad.

CHAPTER 5

Paco again helped his mother get up. Together they walked to the doctor's office. The secretary was saying goodbye to the doctor, because her workday was over. This time the doctor will be in charge of closing the clinic himself.

"Thanks for waiting," says the Doctor while they walk to the office.

Dr. Rodriguez looks at Ana and says, "When I checked your exams, as I explained before, I could not find any indication that you suffer from any disease, or have a physical problem with your eyes. I know this is going to sound a little strange, but it appears that you have consciously or unconsciously repressed the urge to cry."

The doctor told them that in all his years as an ophthalmologist he had never met anyone as healthy as Ana, who despite having perfect results on medical tests, had trouble producing tears. Without exception, in each case he had attended, he could always find some clue that helped diagnose what was the problem, but Ana's case was different.

Paco and Ana, still looking at the doctor, waited anxiously for the remainder of his explanation.

"My commitment is to help all my patients, so I want to hear your story calmly. Now that everyone is gone I can listen without interruption and without being worried that I have another patient waiting," said the doctor.

"Let's start with two simple questions. Ana, can you remember when was the first time and when was the last time you cried deeply?" the doctor asked with great curiosity.

CAPÍTULO 6 – LA PRIMERA VEZ

"Nunca se me podrá olvidar la primera vez que lloré desconsoladamente." – contestó Ana sin pensarlo. "Mi gemelo y yo teníamos 8 años de edad cuando mi mamá murió. Sentí una tristeza tan profunda, como si el corazón se me partiera en pedacitos. Lloré por varios días, recuerdo que no tenía apetito porque los adultos constantemente me recordaban que debía comer algo. Me sentía débil, desorientada a veces".

"¿Y, de qué murió su madre, estuvo enferma por mucho tiempo?" - Preguntó el médico para conocer más detalles.

El doctor no está muy seguro de que esta conversación lo llevará a resolver el problema de Ana, pero sí está seguro de que más exámenes no van a ayudar en este caso tan particular.

Ana continuó su relato: "Nadie se lo esperaba, todo ocurrió tan rápido. Recuerdo como si fuera ayer el día que mi madre se fue para el hospital. Al parecer, ella había comido algo que le causó vómitos y diarrea. Y ella no fue a atenderse de inmediato, antes de ir al hospital pasó varios días en la casa enferma. Mi papá le dijo que fuera al hospital pero ella no quiso porque no nos quería dejar solos. Ella esperó hasta el fin de semana para que una tía viniera a cuidarnos".

Ana respiro profundo y agregó: "Estaba ya muy deshidratada y débil. Antes de llegar al hospital le dio un ataque cardíaco y en la Sala de Urgencias no pudieron hacer nada, ya era demasiado tarde"...

CHAPTER 6

"I will never forget the first time I cried inconsolably," Ana replied without thinking. "My twin and I were eight years old when our mother died. I felt such a deep sadness, as if my heart was torn into pieces. I cried for days; I remember I had no appetite because adults constantly reminded me that I should eat something. I felt weak, disoriented at times."

"And what was the cause of her death, she was sick for a long time?" asked the doctor, probing for more details.

The doctor is not sure whether this conversation will help to solve Ana's problem, but he is certain that more tests will not help in this particular case.

Ana continued her story, "Nobody expected it, everything happened so fast. I remember like it was yesterday the day my mother went to the hospital. Apparently she had eaten something that caused vomiting and diarrhea. And she did not go to the hospital right away; before going she spent several days at home sick. My dad told her to go to the hospital but she refused because she did not want to leave us alone. She waited until the weekend so an aunt could come to take care of us."

Ana breathed deeply and said, "She was already very dehydrated and weak. Before arriving at the hospital she had a heart attack and in the ER they could not do anything, it was too late..."

CAPÍTULO 7- NACIMIENTO

Cada vez que Paco escucha esa historia siente un nudo en la garganta. Ana, por otra parte, está tranquila. El doctor los observa a ambos y le pregunta a Ana: "Y, ¿Cuándo habla acerca de la muerte de su mamá no siente usted ganas de llorar?"

"Hace mucho tiempo atrás, cada vez que hablaba sobre la muerte de mi madre lloraba. Ahora creo que quizás por haber hablado tantas veces sobre esto ya no me dan ganas de llorar. Sí recuerdo la profunda tristeza que sentí en ese momento como una imagen indeleble en mi mente, pero ya no siento esas incontrolables ganas de llorar que solía sentir." – explicó Ana.

"Yo nací en la misma fecha que mi abuela murió, pero muchos años después." - comentó Paco. "Mi mamá siempre me decía que ella no quería que yo naciera ese día, ella no quería que coincidieran la fecha de la muerte de mi abuela con la de mi nacimiento, pero el destino decidió que fuera así." – concluyó Paco, miraba con cariño a su madre.

"Ahora que lo recuerdo, el día que tú naciste también lloré mucho" – le dijo Ana a su hijo. "Todo era muy confuso, sentía tantas emociones al mismo tiempo. Por un lado nació mi bebé sano y yo estaba muy feliz por eso; pero por el otro lado, en esa misma fecha perdí a mi madre unos años atrás." – dijo Ana.

El consultorio del doctor permaneció en silencio por unos minutos. Al escuchar las historias que relataba Ana, el doctor sintió que iba por el camino correcto. Se dio cuenta de que había algo en la vida de Ana que la estaba afectando y que le impedía llorar. El doctor insistió: "Ana, aún no ha contestado la segunda pregunta: ¿Cuándo fue la última vez que usted lloró?

Paco recibe un mensaje de texto de Carmen: "¿Dónde estás? ¿A qué hora llegas?"

CHAPTER 7

Every time Paco heard that story he felt a lump in his throat. Ana, on the other hand, is quiet. The doctor looks at both of them and asks Ana, "And when you talk about the death of your mother, don't you feel like you want to cry?"

"Long ago, every time I spoke about the death of my mother I cried. Now, I think that because I have spoken so many times about this, I no longer feel the desire to cry. I remember the sadness I felt at that moment as an indelible image in my mind, but I don't feel the uncontrollable desires to cry that I used to feel," Ana replied.

"I was born on the same day that my grandmother died, but many years later," said Paco. "My mom always told me that she did not want me to be born that day, she did not want the date of the death of my grandmother to be the same date of my birth, but fate decided that it was to be that way," concluded Paco, looking at his mother.

"Now that I remember, the day you were born I cried a lot," Ana told her son. "It was all very confusing; I felt so many emotions at the same time. On the one hand I had my healthy baby and I was very happy about it; but on the other hand, that same date I lost my mother," Ana said.

All remained silent for a few minutes. Hearing the stories recounted by Ana, Dr. Rodriguez felt he was on the right track. He realized that there was something in Ana's life that was affecting and preventing her from crying. The doctor insisted, "Ana you haven't yet answered the second question: When was the last time you cried deeply?

Paco received a text message from Carmen: "Where are you? When will you be back?"

CAPÍTULO 8 – ANA SE REUSA

Ana se sintió presionada por la pregunta del doctor, se puso ambas manos en la cabeza y luego se cubrió los ojos diciendo: "No puedo recordarlo". La expresión de su rostro demostraba una profunda angustia. Era como un debate interno: ella quizás podía recordar su pasado, pero se resistía a hacerlo.

Paco percibe que su mamá está sufriendo una agonía silenciosa. Se acerca un poco más a ella, la toma de la mano en señal de apoyo y le dice: "Si todo esto es muy doloroso para ti, podemos irnos ahora y regresamos otro día". Además, ya Carmen ha empezado a enviarle mensajes de texto, así que parece un buen momento para terminar la sesión.

El doctor, ha presionado mucho a Ana. Esta sería la primera vez en su vida profesional que él como médico dedicado no iba a poder ayudar a uno de sus pacientes. Ana, bajando la mirada, se movió lentamente para tomar su bolso e irse del consultorio.

"Podemos tomar un jugo..." - dijo el doctor, entonces preguntó "¿Cómo se llama el mayor de sus nietos?" Él quiere cambiar el tema de conversación y eso fue lo primero que se le ocurrió preguntar; asumiendo que a todas las abuelas les gusta hablar de sus queridos nietos. Al mismo tiempo, se acercó a la pequeña refrigeradora que tiene en su consultorio.

De la refrigeradora sacó un jugo para cada uno y se los entregó. Ana soltó su bolso para recibir el refresco. El doctor repitió la pregunta: "¿Cómo se llama el mayor de sus nietos?"

CHAPTER 8

Ana was overwhelmed by the doctor's question, she took both hands to her head, then covered her eyes, saying, "I cannot remember." The expression on her face showed deep distress. It was like an internal debate. Maybe she could remember the past, but was reluctant to do so.

Paco realizes that his mother is suffering a silent agony. He comes a little closer to her, taking her hand in support and says, "If all this is too painful for you, we can go now and return another day". Paco also thinks it seems a good time to finish the session because Carmen already started sending text messages.

The doctor has pushed Ana too hard. This will be the first time in his professional life as a doctor that he was not going to be able to help one of his patients. Ana lowered her eyes, then moved slowly to take her purse and began to leave the office.

"We can drink some juice..." said the doctor, then asked, "What is the name of your oldest grandchild?". He wanted to change the topic of conversation and that was the first thing that came to his mind; assuming that all grandmothers like to talk about their beloved grandchildren. At the same time, he approached the small refrigerator that was in his office.

From the refrigerator he took a juice for everyone and handed them out. Ana lay her purse down in order to receive the drink. The doctor repeated the question, "What is the name of your oldest grandchild?"

CAPÌTULO 9 – CHARLA DE LA FAMILIA

"Mi nieta mayor se llama Susana. Es una preciosa niña, el mes pasado cumplió once años de edad. El tiempo pasa muy rápido, recuerdo como si fuera ayer el día que nació." - contestó Ana, relajando un poco la tensión que sentía en su cuello y hombros. Tal como el doctor esperaba, a la abuela Ana le encanta hablar acerca de sus nietos.

"Y ¿A quién se parece físicamente su nieta Susana?" - Continuó indagando el médico con mucho interés.

"Muchas personas dicen que se parece a mi esposa Carmen" - intervino Paco; "Pero tiene mucho de mi mamá también, se nota especialmente cuando Susanita hace gestos." – concluyó Paco.

Entonces, Paco sacó dos fotografías de su billetera; una era de Susana y la otra, de Ana cuando era sólo una adolescente. Siempre que a Paco alguien le pregunta a quien se parece más su hija, él hace lo mismo.

"Definitivamente que sí tiene mucho de Ana. Me parece que la forma de los ojos es muy similar." - comentó el médico mientras sostiene ambas fotografías.

Ana sonrió, algo que no había hecho desde que llegó al consultorio. A Ana en el fondo le encanta cuando alguien le dice que su nieta se parece a ella.

Todos los otros nietos dicen que como Susana se parece a la abuela, entonces ella es la nieta favorita. Ana siempre lo ha negado diciendo que todos son sus favoritos.

Sin que el doctor le hiciera más preguntas Ana empezó a hablar un poco acerca de cada uno de sus nietos: de sus deportes favoritos; de la personalidad particular de cada uno; de sus edades; de lo que les gusta comer, jugar o ver en el cine.

Paco mira la foto de Susana y aprieta los labios mientras la guarda nuevamente en su billetera. Susana ha tenido algunos problemas serios en la escuela últimamente y Paco está un poco preocupado porque nunca antes había tenido problemas con ella.

CHAPTER 9

"My oldest granddaughter is called Susana. She's a beautiful girl; last month she turned eleven years old. Time goes so fast, I remember like it was yesterday the day she was born," Ana said, slightly relaxing the tension in her neck and shoulders. As the doctor expected, Ana loved to talk about her grandchildren.

"And, to whom does your granddaughter Susana resembles physically?" continued the doctor, digging with great interest.

"Many people say she looks like my wife Carmen," Paco intervened, "but she physically resembles my mom too, especially when Suzie makes gestures," Paco concluded.

Then, Paco took two photographs from his wallet; one was of Susana and the other one of Ana when she was only a teenager. Whenever someone asks Paco who most resembles his daughter, he does the same.

"She definitely does have a lot of Ana. I think the shape of the eyes are very similar," said the doctor as he held both photographs.

Ana smiled, something she had not done since she came into the office. Ana in the depth of her heart loves it when someone tells her that her granddaughter looks like her.

All other grandchildren say that because Susana looks like their grandmother, she is her favorite granddaughter. Ana has always denied this though, saying that all are her favorites.

Without the doctor asking any further questions Ana started talking a little bit about each of her grandchildren: their favorite sports; the particular personality of each; their ages; what they like to eat, play or favorite movies.

Paco looks at the picture of Susana and presses his lips together as he puts it back in his wallet. Susana has had some serious problems in school lately and Paco is a little worried because he never before had problems with her.

CAPÍTULO 10 – PACO RECUERDA

Súbitamente, Paco interrumpe la conversación diciendo: "Creo que yo recuerdo cuando fue la última vez que lloraste mamá... Fue durante el funeral del tío Miguel."

El Tío Miguel, era el hermano gemelo y único hermano de Ana. Miguel murió repentinamente en un accidente de tránsito. Miguel estuvo felizmente casado, pero la pareja nunca tuvo hijos. Paco y sus hermanos eran para Miguel como sus hijos.

Ana trató de recordar y permaneció en silencio por unos minutos. "Sí, quizás esa fue la última vez que lloré. Mi querido Miguel murió un día antes de su cumpleaños. Yo no lo había visto en dos semanas cuando recibí la noticia. Todavía conservo el regalo que le compré."

"¿Hace cuanto tiempo ocurrió eso?" - Preguntó el doctor.

"Fue hace más de cinco años, doctor." - contestó Paco.

CHAPTER 10

Suddenly, Paco interrupted the conversation by saying, "I think I remember when was the last time you cried mom... it was during the funeral of Uncle Miguel."

Uncle Miguel was the twin brother and only Ana's sibling. Miguel died suddenly in a car accident. He was happily married, but the couple never had children. Paco and his brothers were like sons to Miguel.

Ana tried to remember and remained silent for a few minutes. "Yeah, maybe that was the last time I cried. My dear Miguel died a day before his birthday. I had not seen him in two weeks when I received the news. I still have the gift I bought."

"How long ago was this?" asked the doctor.

"More than five years ago, doctor," Paco said.

CAPÍTULO 11 – EL HERMANO GEMELO

"¿Eran muy unidos ustedes dos?" - Indagó el doctor.

Ana está pensativa. Paco se le adelanta y contesta: "Sí, cuando el tío Miguel vivía, mi papá siempre decía en tono de broma que mi mamá parecía como la novia de mi tío. Siempre hablaban por horas en privado, confiaban plenamente el uno en el otro. Seguramente no había nadie en este mundo que conociera mejor a mi madre que el Tío Miguel, que en paz descanse. Estoy seguro de que compartían todos sus secretos, sus preocupaciones, sus sueños."

El doctor asintió con la cabeza y permaneció en silencio por unos segundos. Se le ocurrió que quizás todo lo que había escuchado de Paco y Ana estaba de alguna forma relacionado. Para confirmar si estaba en lo correcto dijo: "Ana, al parecer ese día (consciente o inconscientemente) usted decidió dejar de llorar. Quizás el dolor de perder a su hermano inesperadamente marcó una gran cicatriz..."

"En realidad, después de ese día mi mamá dejó de hacer muchas cosas. Dejó de salir a comer y dejó también de ir de compras con sus amigas. Dejó de hacer ejercicios, de leer sus novelas románticas, de cantar... Dejó de hacer todo aquello que antes le gustaba tanto..." - Dijo Paco con un poco de nostalgia.

"No dejé de hacer todo eso a propósito; es solo que ya no tenía ganas de hacer nada." - aclaró Ana. "Me cansé de sufrir..."

"¡Pero mamá, muchas veces mis hermanos y yo te preguntábamos por qué dejaste de hacer todo lo que te gustaba. Siempre nos decías que estabas cansada." - dijo Paco un poco sorprendido por lo que acababa de escuchar.

"Muchas veces he sentido que la vida ha sido muy dura conmigo. Yo sólo quería hacerme inmune al dolor, simplemente ya no quiero sufrir más, ya no más." – Confirmó Ana cubriendo su rostro con las manos. Era evidente que toda esta conversación la estaba empezando a incomodar nuevamente.

CHAPTER 11

"Both of you were very close?" inquired the doctor.

Ana was thoughtful. Paco took over and replied, "Yes, when Uncle Miguel was alive, my dad always said jokingly that my mother looked like my uncle's girlfriend. They always spoke for hours in private, fully trusting each other. Surely no one in this world knew my mother better than Uncle Miguel, rest in peace. I'm sure they shared all their secrets, their concerns, their dreams."

The doctor nodded and remained silent for a few seconds. It occurred to him that all he had heard of Paco and Ana was perhaps somehow related. To confirm whether he was right he said, "Ana, apparently that day, consciously or unconsciously, you decided to stop crying. Perhaps the pain of losing your brother unexpectedly made a big scar..."

"Actually, after that day my mom stopped doing many things. She stopped eating out and also stopped going shopping with her friends. Stopped exercising, reading her romance novels, singing... stopped doing everything that she loved so much before... " Paco said with a bit of nostalgia.

"I didn't do all that on purpose; it's just that I had no desire to do anything," Ana said. "I got tired of suffering...."

"But mom, sometimes my brothers and I asked you why you stopped doing all the things you liked. You always told us you were tired," Paco said, a little surprised by what he had just heard.

"Many times I've felt that life has been very hard on me. I just wanted to make myself immune to pain, and just do not want to suffer any longer," Ana confirmed, covering her face with her hands. It was obvious that this whole conversation was starting to bother her again.

Paco también siente, especialmente en este momento que tiene problemas con Susana y discute a diario con Carmen, que la vida está siendo muy dura con él. Él extraña mucho a su tío Miguel por sus consejos, por su sabiduría. Piensa que si el tío Miguel estuviera vivo, él sí hubiera sabido qué hacer con el problema de Susana.

Paco also felt that now that he is having problems with Susana and argues every day with Carmen, life is being hard on him. He misses his uncle Miguel for advice, for his wisdom. He thinks that if Uncle Miguel still lived, he would have known what to do with Susana's problem.

CAPÌTULO 12 – LA VIDA ES DIFÍCIL

"¿Piensa que la vida es un poco más fácil para los demás?" - Preguntó el doctor.

"Más fácil que la mía definitivamente..." - contestó abruptamente Ana, sin siquiera pensar lo que decía.

Seguidamente empezó a enumerar las penas y tragedias que había soportado desde niña: "Perdí a mi mamá cuando era muy pequeña. Mi papá trabajaba día y noche; podría decirse que crecí sola. Mi hermano, mi confidente y mejor amigo en el mundo, muere sin siquiera poder despedirme de él. Y lo peor de todo es que perdí..."

Ana se tapa la boca. No quiere que se le escape ni una palabra más. Está tan alterada que no puede pensar bien. Se levanta con mucho esfuerzo, pero sin pedir ayuda. Paco sorprendido por esta reacción tan inusual de su madre. Ana intenta escapar hacia la puerta, pero Paco se interpone y no la deja avanzar. Él abraza a su mamá muy fuerte y trata de calmarla ante la mirada atónita del médico.

El Doctor se levantó y se dirigió a Ana diciendo: "La vida es difícil para todos de una manera o de otra. Mi misión como doctor es que todas las personas que entren a mi consultorio salgan curadas; y si no puedo lograrlo, por lo menos intento lograr que se sientan mucho mejor. Ana, yo acabo de escuchar su historia, por favor quédese un rato más y permítame contarle la mía. Hubo una época muy triste en mi vida, y siento que usted necesita escuchar lo que quiero contarle. Después de escuchar mi historia, si lo desea, puede irse."

Ana miró a Paco, quien estuvo de acuerdo con lo que propuso el médico. Ella pensó que lo justo era escuchar la historia del doctor.

CHAPTER 12

"Do you think that life is a little easier for others?" asked the doctor.

"Easier than mine definitely..." Ana replied abruptly, without even thinking about what she said.

Then she began to enumerate the sorrows and tragedies she had endured since childhood: "I lost my mother when I was very young. My dad worked day and night; you could say that I grew up alone. My brother, my confidant and best friend in the world, dies without even being able to say goodbye to him. And worst of all is that I lost... "

Ana covers her mouth. She does not want another word to escape. She is so upset that she cannot think straight. She gets up with great effort, but without asking for help. Paco is surprised by this unusual reaction of his mother. Ana tries to escape to the door, but Paco stands and doesn't allow her through. He hugs his mother and tries to calm her down before the astonished gaze of the doctor.

The doctor gets up and heads for Ana, saying, "Life is hard for everyone in one way or another. My mission as a doctor is to ensure that all people who come to my office will end up cured; and if I cannot do that, I have to at least try to make them feel better. Ana, I just heard your story, please stay a while and let me tell you mine. There was a very sad time in my life, and I feel that you need to listen to what I will tell you. After hearing my story, if you wish, you can leave."

Ana looked at Paco, who agreed to what the doctor suggested. She thought it was only fair to hear the doctor's story.

Paco aprovechó para revisar su teléfono y efectivamente ya tenía dos nuevos mensajes de texto de Carmen. Él sabía muy bien lo que le esperaba en casa, pero también sabía que interrumpir la sesión con el médico iba a ser un retroceso enorme en la búsqueda de una cura para su madre. De cualquier modo, ya se estaba acostumbrando a las peleas con Carmen.

Paco checked his phone and as expected, he had two new text messages from Carmen. He knew what awaited him at home, but he also knew that interrupting the session with the doctor would be a huge setback in the search for a cure for his mother. He was getting used to arguing with Carmen anyway.

CAPÍTULO 13 – EL DOCTOR SE CONFIESA

"He tenido buenos y malos momentos en mi vida, tal como todas las demás personas." – Empezó relatando el doctor. Luego continuó: "Pueden observar que tengo una oficina muy bonita, algunos incluso dirían que muy elegante. Pero también pueden ver cuán viejo es mi escritorio; este pedazo de madera me ha acompañado por más de 20 años."

"Este humilde escritorio es un recuerdo de aquellos días cuando estaba sumergido en problemas financieros, cuando el dinero no alcanzaba. Lo conservo para nunca olvidar los tiempos difíciles, cuando las cuentas se apilaban y los acreedores me hostigaban constantemente. En aquel tiempo, hubo períodos de semanas enteras en las que no tenía pacientes que atender." – Explicó el doctor ante la mirada incrédula de Paco y Ana.

"Mi esposa era quien mantenía el hogar." – dijo el doctor continuando su relato.

Ana escuchaba, pero no estaba muy segura de hacia dónde iba esta historia, no lograba entender su relevancia.

El doctor estaba concentrado en su propia historia y continuó hablando: "Pero todo empeoró cuando mi esposa perdió a nuestra futura hija, tuvo problemas durante el embarazo y los esfuerzos de mis colegas fueron en vano. A veces, ella menciona que quizás todo se debió al estrés, a la ansiedad, a todo lo que nos estaba pasando. Para ese momento, ya habíamos decidido que nuestra bebé se llamaría Esmeralda, igual que su abuela. Con la ayuda de algunos familiares conseguimos una cuna y todo lo necesario para recibir a la pequeña Esmeralda en nuestro humilde hogar; su habitación estaba lista y nosotros, tan ilusionados como preocupados."

"Fue la época más difícil." – dijo el doctor, haciendo una pausa. "Muchas veces recuerdo con gran pesar todo lo que nos pasó; sin embargo, cuando veo a mis dos hijas sanas y felices, me siento obligado a dejar mi pasado doloroso atrás, a ver con optimismo al presente, y con mucha esperanza al futuro.

CHAPTER 13

"I've had good and bad moments in my life, like everyone else," the doctor started. He continued, "You can see that I have a very nice office, some would even say a very elegant one. But you can also see how old my desk is; this piece of wood has been with me for over 20 years. "

"This humble desk is a reminder of those days when I was submerged in financial trouble, when money was not enough. I keep it to never forget the hard times, when the bills piled up and creditors constantly harassed me. At that time, there were periods of weeks in which I had no patients," explained the doctor before the incredulous eyes of Paco and Ana.

"My wife was the one who kept the home," the doctor continued his story.

Ana listened, but she was not sure where he was going, and did not understand its relevance.

The doctor was focused on his own story and went on, "But it got worse when my wife lost our unborn daughter, she had problems during pregnancy and the efforts of my colleagues were in vain. Sometimes she mentions that maybe it was all due to stress, anxiety, all that was happening to us at the time. By that time, we had already decided that our unborn daughter would be named Esmeralda, like her grandmother. With the help of some family we already had a crib and everything needed in order to receive little Esmeralda in our humble home; her room was ready and we were just as excited as worried. "

"It was the most difficult time," said the doctor, pausing. "Many times I remember with great regret everything that happened to us; however, when I see my two daughters healthy and happy, I feel compelled to leave my painful past behind, to see with optimism the present and the future with great hope."

CAPÍTULO 14 – LA CONEXIÓN

Cuando Ana escuchó al doctor hablar acerca de la pérdida de su hija nonata se llevó ambas manos al pecho y apretó los labios, era como si algo le doliera. El doctor y Paco observaron atentamente la reacción de Ana. Tan pronto el doctor término de hablar se movió con su silla para estar más cerca de Ana. Cuando el doctor estuvo cerca, Ana le tomó la mano y lo miró a los ojos, como teniendo una conversación sin palabras.

"No hay nada más doloroso que perder a un hijo" - dijo Ana con la voz quebradiza.

"Después de eso, nunca he vuelto a ser el mismo" - reafirmo el doctor. Al contar una parte de su vida y ver la reacción de Ana, el doctor está seguro que ella tiene algún secreto que no ha querido compartir aún. No está seguro si debe seguir insistiendo para que hable, o bien, si debe referirla con un colega Psiquiatra.

Paco observa con asombro. Nunca había visto a su mamá entenderse y compenetrarse con alguien de esa forma, mucho menos con un extraño. Era como si compartieran algo que él no podía entender. Paco también se siente conmovido por la historia del doctor, pero lo que lo intriga es la reacción de su madre y se pregunta en su mente: ¿Qué pasa aquí, habrá algo que mi madre nunca me ha contado?

CHAPTER 14

When Ana listened to the doctor talking about the loss of his unborn daughter, she took both hands to her chest and pressed her lips, as if something had hurt her. Paco and the doctor carefully observed Ana's reaction. As soon as the doctor finished he moved his chair closer to Ana. When the doctor came close, Ana took the doctor's hand and looked into his eyes, as if having a conversation without words.

"There is nothing more painful than losing a child," Ana said with a brittle voice.

"After that, I've never been quite the same," reaffirmed the doctor. By telling a part of his life and seeing Ana's reaction, the doctor was sure she had a secret that she had not wanted to share yet. He was not sure whether to continue insisting, or if he should refer Ana to a psychiatrist colleague.

Paco watches in amazement. He had never seen his mother understand and empathize with someone like that, much less a stranger. It was as if they shared something he could not understand. Paco also felt moved by the doctor's story, but what intrigued him was the reaction of his own mother and question in his mind: What's going on, is there something my mother never told me?

CAPÍTULO 15 - ¿CUÁL ES EL SECRETO?

Paco se levantó de su silla, caminó hacia un lado del consultorio y Paco enfrentó a su mamá. "¿Qué está pasando mamá? Habla conmigo." - Exigió Paco, con tono firme.

Paco y sus hermanos fueron educados en su hogar para valorar la comunicación franca y abierta, especialmente en temas que afecten a la familia. Pero eso es más fácil decirlo que hacerlo. Incluso después de que se casó, Paco ha mantenido siempre una comunicación abierta con sus padres, y cuando ha tenido algún problema siempre ha buscado el consejo de ellos. En esta ocasión siente que quizás su madre no ha confiado en él.

Al mismo tiempo se siente culpable porque él tampoco ha confiado en sus padres al ocultarles el problema en el que está involucrada su hija Susana. La comunicación, y quizás la confianza, se han ido perdiendo en la familia sin que nadie lo notara.

Ana ha callado por tanto tiempo que elige no decir nada. Paco, no está satisfecho con esto y vuelve a enfrentarla: "Mamá, por tu reacción puedo ver que hay algo que te afecta mucho. Por favor, no tengas secretos conmigo, háblame... ¿Acaso perdiste tú a un hijo?"

Ana evitó contestar las preguntas. Ella cambia el tema haciéndole una pregunta al doctor; "¿Cuánto tiempo pasó después de que su esposa perdió a Esmeralda para que pudieran tener a su hija?"

"¡Mamá!" - exclamó Paco. "Estoy aquí para apoyarte, por favor háblame..." Insistió, al darse cuenta de que Ana estaba evitándolo.

CHAPTER 15

Paco got up from his chair, walked to one side of the office, and faced his mother. "What's going on mom? Talk to me," Paco demanded in a firm tone.

Paco and his brothers were taught at home to value frank and open communication, especially on issues affecting the family. But that's easier said than done. Even after he married, most of the time Paco kept open communication with his parents, and when a problem has arisen most of the time he has looked for their advice. This time he feels that perhaps his mother has not trusted him.

At the same time he feels guilty because he has not relied on his parents to help him with the problem involving his daughter Susana. Communication, and perhaps confidence, has been lost in the family without anyone noticing.

Ana has been silent for so long that she chooses to say nothing. Paco is not satisfied with this and faces her again, "Mom, I can see by your reaction that something is affecting you very much. Please do not keep secrets, tell me... Did you lose a child?"

Ana tries to avoid answering her son's questions. She changes the subject by asking a question to the doctor; "How long was it after your wife lost Esmeralda to the time you two could have your daughter?"

"Mom!" exclaimed Paco. "I'm here to support you, please tell me..." he insisted, realizing that Ana was avoiding him.

CAPÍTULO 16 – EL DOCTOR OBSERVA

El doctor decide quedarse callado, y solo observa. Él sabe que si la situación se pone muy tensa debe suspender y referir a Ana al Psiquiatra.

Ana siente la mirada fija de Paco, pero lo ignora, solo mira al doctor esperando que responda. Paco mira al doctor y a Ana, se da cuenta de que enfrentar a su madre como lo ha hecho no va a funcionar.

Paco se calma un poco y se acerca a su mamá, se arrodilla frente a ella y le pregunta: "¿Qué es lo que ocultas mamá? No voy a juzgarte, pero si hay algo que te afecta de esta maneja es mejor que lo compartas conmigo. Estoy seguro que juntos lo vamos a superar."

Mientras tanto, el médico piensa muy bien sus palabras. Sabe que si dice algo inapropiado Ana se irá al instante. Él solo quiere que Ana se sienta mejor.

CHAPTER 16

The doctor decides to keep quiet and just watch. He knows that if the situation becomes tense he should stop and refer Ana to a shrink.

Ana feels Paco's fixed gaze, but ignores it; she just looks at the doctor waiting for a response. Paco looks at the doctor and Ana, then realizes that facing his mother as it has done is not going to work.

Paco calms down a bit and goes to his mother, kneels before her and asks, "What are you hiding mother? I will not judge you, but if something affects you it is better to share it with me. I am sure that together we will overcome it. "

Meanwhile, the doctor chooses his words very well. He knows that if he says something inappropriate Ana will leave instantly. He just wants Ana to feel better.

CAPÍTULO 17 – LA CONFESIÓN II

El doctor decide continuar con su historia. Le contó a Ana que cuando su esposa perdió al bebé fue muy triste para ambos como pareja. Sin embargo, lo que más los ayudó a ambos a superar el dolor y seguir adelante fue hablar de su gran pérdida y de las profundas emociones que se sentían en ese momento.

"Hasta ese momento tan dramático, nunca antes realicé lo mucho que le importaba a mis seres queridos." - dijo el doctor. "Padres, tíos, primos, amigos, todos estaban dispuestos a escuchar. Muchas veces no decían ni una palabra, solo escuchaban. Descubrí que no hay nada como un abrazo espontáneo de alguien que te ama."

"Parece increíble lo que un buen abrazo puede lograr. Y en ese momento, un buen abrazo era exactamente lo que necesitaba para continuar luchando por superar todo ese gran dolor y seguir adelante por mí mismo, por mi esposa y por la esperanza de tener una familia feliz en el futuro." – concluyó el médico.

CHAPTER 17

The doctor decided to continue with his story. He told Ana that when his wife lost the baby it was very sad for both of them as a couple. However, what most helped them to overcome the pain and still continue with their lives was to talk about their great loss and the deep emotions they felt at that time.

"Until this very dramatic moment, I never realized how much I mattered to my loved ones," said the doctor. "Fathers, uncles, cousins, friends, everyone was willing to listen. Many times they did not say a word, just listened. I discovered that there's nothing like a spontaneous hug from someone who loves you."

"It seems incredible what a good hug can achieve. And then, a good hug was exactly what I needed to continue fighting to overcome all that great pain and keep going for myself, my wife and the hope of having a happy family in the future," concluded the doctor.

CAPÍTULO 18 – UN BUEN HIJO

Paco todavía esta de rodillas frente a su mamá porque sabe que este es un momento significativo. Cuando Ana terminó de escuchar la historia del doctor bajo la mirada y apretó fuertemente las manos a su hijo.

El teléfono de Paco empieza a sonar, pero él lo ignora y sigue tomando de las manos a su madre.

"Nada de lo que haya ocurrido en el pasado puede cambiar mi amor por ti" - dijo Paco. "Nada puede borrar todos los sacrificios, enseñanzas y todo el amor que día tras día me has dado a mí, a mis hermanos y a todos tus nietos." – insistió.

Ana abrió la boca como si fuera a decir algo, pero no pudo hacerlo.

"Si no te sientes lista todavía para contármelo, puedo esperar; sin embargo, mientras más tiempo lo tengas guardado peor será y puede ser más difícil hablar al respecto después." - dijo Paco.

Paco sabe que Ana está sufriendo, pero no sabe como ayudar a su mamá. Ana respira profundo.

CHAPTER 18

Paco is still kneeling in front of his mother because he knows that this is a significant moment. When Ana finished listening to the doctor's story, she looked down and pressed her hands strongly to her son's hands.

Paco's phone starts ringing, but he ignores it and continues holding his mother's hands.

"Nothing that has happened in the past can change my love for you," Paco said. "Nothing can erase all the sacrifices, teachings and all the love that every day you gave me, my brothers and all your grandchildren," he insisted.

Ana opened her mouth as if about to say something but could not.

"If you do not feel ready to tell me yet, I can wait; however, the longer you keep it to yourself the worse and it may be more difficult to talk about it later," Paco said.

Paco knows that Ana is suffering, but does not know how to help his mom. Ana took a deep breath.

CAPÍTULO 19 – EL SECRETO ES REVELADO

"Hace muchos años, antes de conocer a José, me enamore de otro hombre. Ambos éramos muy jóvenes, pero nos unía un inmenso amor. Había una conexión tan fuerte entre nosotros, con una mirada o un gesto nos decíamos todo."

"Menos de un año después de conocernos ya esperaba a mi primer hijo. Los dos estábamos muy contentos porque íbamos a iniciar juntos una familia. Ahorramos para poder comprar las cosas que se necesitaban y seguimos adelante con nuestros planes, a pesar de que nuestras familias se opusieron a nuestro amor."

Ana hizo una pausa y se apresuro a buscar en su bolso una foto muy vieja que había guardado.

"Recuerdo esa foto" - dijo Paco. "Una vez estaba jugando con tu cartera y saqué la foto para jugar con ella y esa fue una de las pocas veces que te pusiste como loca a gritarme 'nunca más registres mi cartera'."

Ana bajó la cabeza por vergüenza, ella también recordaba ese incidente. Permaneció callada pensando si debía continuar con su relato, o si dejaba todo hasta allí.

CHAPTER 19

"Many years ago, before I met Jose, I fell in love with another man. We were both very young, but between us there was an immense love. There was a strong connection between us, with a look or a gesture we said everything."

"Less than a year after we met I was expecting my first child. We were very happy because we were going to start a family together. We saved up to buy all the stuff we would need and went ahead with our plans, even though our families were opposed to our love."

Ana paused and hurried to search in her purse for a very old photo she had kept for many years.

"I remember that picture," Paco said. "Once I was playing with your purse and I took that photo out to play with it and that was one of the few times you started yelling like crazy, 'never search in my purse'."

Ana lowered her head in shame, as she also remembered that incident. She remained silent, thinking whether to continue with her story, or whether to leave everything there.

CAPÍTULO 20 – PACO SE IMPACIENTA

"Por favor Ana, no se detenga" - la alentó el doctor. "Ya ha contado una parte importante de su vida y estamos aquí a su lado para apoyarla." – agregó.

Ana tomó la foto y se la mostró al doctor. Era una foto en blanco y negro de un niño. El niño sonreía y se podía ver el parecido que tenia con los ojos de Ana. De hecho se parecía mucho a Susana.

Paco observa a Ana. Nota que éste es un momento emotivo para ella, pero no tiene ni una lágrima en los ojos.

"Antes de casarnos yo no había tenido la oportunidad de estudiar, pero cuando mi hijo nació sentí que lo correcto era estudiar para darle un buen ejemplo. Cuando él creciera yo podría demostrarle lo que se consigue con estudio y dedicación. Mi papá sí me apoyó, y me pagó los estudios en la universidad, con el compromiso que debía terminar mi carrera universitaria pasara lo que pasara" – explicó Ana.

"Era muy difícil para mí hacer tantas cosas a la vez, estudiar, cocinar, lavar, cuidar a mi hijo. Siempre estaba cansada. Cuando nos invitaban a una fiesta yo siempre me quedaba en casa para descansar, para dormir. Sólo ellos dos iban juntos"

"¿Él te abandono?" - Preguntó Paco anticipándose.

CHAPTER 20

"Please Ana, do not stop," encouraged the doctor. "You have told an important part of your life and here we are at your side to support you," he added.

Ana took the photo and showed it to the doctor. It was a black and white picture of a boy. The boy smiled and you could see the resemblance he had with Ana's eyes. In fact, he looked a lot like Susana.

Paco observes Ana. Although this is an emotional time for her, she has no tears in her eyes.

"Before we got married I had not had the opportunity to study, but when my son was born I felt it was right to study to give a good example. When he grew up I could show him what you get with study and dedication. My dad did support me, and he paid for college, with the commitment that I have to finish my college career no matter what," said Ana.

"It was very difficult for me to do so many things at once, study, cook, clean, take care of my son. I was always tired. When we were invited to a party I always stayed home to rest, to sleep. Only two of them went together."

"Did he abandon you?" asked Paco.

CAPÍTULO 21 – EL SECRETO ES REVELADO II

El doctor tuvo que pedirle a Paco que le permitiera a Ana contar su historia, que no la presionara más. El médico podía ver con claridad que en el corazón de Ana había muchos años de tristeza guardados. "Paco en estos momentos lo mejor que podemos hacer es guardar silencio" – le recordó.

Paco volvió a sentarse al lado de su mamá, le pidió disculpas por la interrupción, le tomó la mano y le pidió que por favor siguiera contando su historia.

Ana continuó: "Mi querido hermano, el tío Miguel, se casaba y yo tenía que presentar un examen muy importante el mismo día de la boda. La ceremonia religiosa fue en la mañana. El plan era que mi esposo y mi hijo asistirían a la ceremonia religiosa mientras yo presentaba mi examen en la universidad. Más tarde yo me reuniría con ellos en la fiesta. Cuando terminé mi examen, el transporte ya me esperaba para ir a la fiesta."

"Cuando llegué a la fiesta, todos se sorprendieron al verme llegar sola, entonces, supe que algo estaba mal. El padrino de la boda me llevó tan rápido como pudo a nuestra casa para buscarlos. Ese día yo había salido muy temprano hacia la universidad, tenía la esperanza de que hubieran tenido un problema en casa y que ambos estuvieran todavía allí."

En medio de la historia de Ana suena nuevamente el teléfono de Paco, él contesta y dice: "Carmen, no puedo hablar ahora. Sí, todavía estamos aquí, te llamo... Más tarde... No sé... Sí, tienes razón, discúlpame... Yo te llamo, adiós."

CHAPTER 21

The doctor had to ask Paco to let Ana tell her story, to not put pressure on her. The doctor could see clearly that Ana kept many years of sadness in her heart. "Paco, right now the best we can do is to be quiet," he reminded him.

Paco sat down next to his mother, apologized for the interruption, took her hand and asked her to continue telling her story.

Ana continued, "My dear brother, Uncle Miguel, was getting married and I had to present a very important test on the day of the wedding. The religious ceremony was in the morning. The plan was that my husband and son would attend the religious ceremony as I completed my exam in college. Later I would meet with them at the party. When I finished my exam, there was a car waiting for me, to take me to the party..."

"When I got to the party, everyone was surprised to see me arrive alone, so I knew something was wrong. The best man drove as fast as he could to our house to look for them. That day I had gone to college early, so I hoped they had a problem at home and both were still there."

Amid Ana's story Paco's phone ring again; he answers and says, "Carmen, I cannot talk now. Yes, we're still here, I'll call... later... I do not know... Yes, you're right, I'm sorry... I'll call you, goodbye. "

CAPÍTULO 22 – LA TRAGEDIA

"Cuando llegué a la casa había una patrulla de la Policía con dos agentes. Mientras iban en camino a la ceremonia religiosa el conductor de un camión tuvo un ataque al corazón, perdió el control estrellándose con varios automóviles, incluyendo el carro donde iba mi pequeño hijo y mi esposo. Fue una gran tragedia." – continuó relatando.

Ana se frotaba el pecho con ambas manos, estaba reviviendo todo el dolor que había sentido muchos años atrás, pero ni una sola lágrima brotaba de sus ojos. Paco trató de aguantar tanto como pudo, pero luego era él quien lloraba.

"Yo no quería creer lo que estaba pasando. Esa mañana había salido tan temprano que no pude despedirme de ellos." – se lamentó.

Ana se está quedando sin fuerzas para hablar; vuelve a respirar profundo y continua relatando lo sucedido: "Me llevaron a reconocer los cuerpos a un lugar horrible. Nunca he podido olvidar ese día ni ese lugar. Yo le pedía a Dios que ambos despertaran. No puedo recordar casi nada de lo que ocurrió durante los días posteriores porque un médico de la familia me recetó unos calmantes un poco fuertes, con los cuales me mantuvieron sedada. Era demasiado dolor para mí."

"Perdí las ganas de vivir, lamentaba no haber ido con ellos en el carro." – recordó.

CHAPTER 22

"When I got home there was a police patrol with two agents. While they were on their way to the religious ceremony a truck driver had a heart attack and lost control, crashing into several cars, including the car with my young son and my husband. It was a major tragedy," she said.

Ana rubs her chest with both hands, as she has revived all the pain she had felt many years ago, but not a single tear flowed from her eyes. Paco tried to endure as best as he could, but then, it was he who cried.

"I didn't want to believe what was happening. That morning I left so early I could not say goodbye to them," Ana lamented.

Ana is running out of strength to speak; she breathes deep and goes on to relate what happened. "I was taken to identify the bodies in a horrible place. I could never forget that day and that place. I asked God for both to wake up. I cannot remember most of what happened during the following days because a family doctor prescribed me some strong soothing medicine, with which I kept sedated. It was too much pain for me."

"I lost the will to live and regretted that I wasn't with them in the car," she recalled.

CAPITULO 23 – A PESAR DE TODO

Paco no pudo quedarse callado: "Afortunadamente encontraste la fuerza para seguir, ya que de otro modo, ni tus nietos ni yo estuviéramos aquí."

Esas eran las mismas palabras que Miguel siempre le decía a Ana cada vez que ella estaba deprimida y él intentaba darle ánimos.

"Probablemente al igual que tú, yo habría quedado devastado, pero después de tantos años también te han pasado muchas cosas buenas, especialmente nuestra familia, la cual hiciste crecer junto con mi papá. Además, mis dos hermanos, todos tus nietos, incluso yo, estamos todos aquí porque tú elegiste vivir, elegiste darte otra oportunidad para ser feliz. De otro modo, nunca hubieras conocido a mi papá." – agregó Paco.

Ana piensa todo lo que dijo Paco. Su pasado estuvo lleno de tragedias, estuvo lleno de lágrimas; pero también hubo momentos muy felices.

"¿Y mi papá sabe sobre esto?" - Preguntó Paco.

Ahora todo tiene sentido. Paco puede entender porqué su madre no le permitía nunca tocar su cartera, porqué Ana se ponía tan nerviosa cuando sus hermanos y José salían juntos en auto a realizar cualquier diligencia fuera de su casa. Ahora entiende porque cuando aún vivía en casa de sus padres su mamá entraba a su habitación todas las mañanas (sin excepción) y le daba un beso en la frente.

Ana interrumpió los pensamientos de Paco. "No, José sabe que algo trágico ocurrió en mi pasado, pero cuando nos conocimos yo no quise hablar de ello. Y por alguna razón tu papá respetó mi decisión." - le explicó Ana. Espero ahora que ustedes también respeten mi decisión y nunca repitan a nadie lo que se ha hablado aquí el día de hoy."

CHAPTER 23

Paco could not remain silent, "Fortunately you found the strength to go on, because otherwise neither I, nor your grandchildren would be here."

These were the same words that Miguel always told Ana whenever she was depressed and he tried to cheer her up.

"Probably like you, I would have been devastated, but after so many years many good things have happened to you, especially our family, which you grew along with my dad. Also, my two brothers, all your grandchildren, even I, we're all here because you chose to live, you chose to give yourself another chance to be happy. Otherwise you'd never have met my dad," Paco added.

Ana thought about all that Paco said. Her past was full of tragedies, was full of tears, but there were very happy times too.

"And my dad knows about this?" Paco asked.

Now it all makes sense. Paco can understand why his mother never allowed him to touch her purse, because Ana got so nervous when his brothers and Jose went out together by car to do anything outside his home. He now understands why when he still lived with his parents his mother entered his room every morning with no exception and gave him a kiss on the forehead.

Ana interrupted the thoughts of Paco. "No, Jose knows that something tragic happened in my past, but when we met I did not want to talk about it. And for some reason your father respected my decision." Ana explained. "I hope now that you also respect my decision and never repeat to anyone what has been said here today."

CAPÍTULO 24 – DIOS ME ABANDONO

Paco no se explica cómo una tragedia familiar tan grande pudo ser guardada en secreto por tantos años. O, será que todos los adultos mayores de la familia lo saben y ninguno quiso decir nada. El Tío Miguel tuvo que enterarse definitivamente de lo que sucedió.

"Todos los que asistieron a la boda supieron los detalles del accidente, toda mi familia y los amigos cercanos." - comentó Ana. Era como si Ana le hubiera leído la mente a Paco.

Después del accidente, mis familiares y mis amigos hacían todo lo posible por tratar de hacerme sentir mejor. De alguna forma nunca estaba sola.

Al principio, todos trataban de conversar sobre el accidente, pero con solo mencionarlo yo lloraba desconsoladamente por horas. Al principio, dormía tanto que perdí la noción del tiempo y no sabía ni qué día de la semana era.

Sin embargo, después de un par de semanas casi no podía dormir por las noches. Sentía un terrible vacío en el pecho, llegué a creer que Dios me había abandonado, o incluso que me estaba castigando.

Súbitamente, un buen día todos cambiaron y en lugar de tratar de hablar del accidente, me hablaban de cualquier otra cosa: lo que habían hecho durante el día, la política, el clima, nuevas recetas de cocina, lo que estaba pasando en el mundo, y otros temas que en realidad no me interesaban pero me ayudaron a distraerme y pensar en otra cosa.

Paco está pensativo. "Los secretos familiares pueden ser tóxicos." – murmura para sí.

CHAPTER 24

Paco does not understand how such a large family tragedy could be kept secret for so many years. Or, maybe that all seniors of the family already know and no one wanted to say anything. Uncle Miguel sure knew what happened.

"Everyone who attended the wedding knew the accident details, my entire family and close friends," said Ana. It was as if she was reading Paco's mind.

"After the accident, my family and my friends did their best to try to make me feel better. Somehow I was never alone.

At first, everyone tried to talk about the accident, but as soon as someone mentioned it I cried inconsolably for hours. At first, I slept so much that I lost sense of time and did not know what day of the week it was.

However, after a couple of weeks I could hardly sleep at night. I felt a terrible emptiness in my chest, and came to believe that God had forsaken me, or even that he was punishing me.

Then suddenly one day it all changed and instead of trying to talk about the accident, they talked about anything else: what they had done during the day, politics, climate, new recipes, what was happening in the world and other topics that do not really interest me but helped to distract me and think about something else."

Paco is thoughtful. "Family secrets can be toxic," he murmurs to himself.

CAPÍTULO 25 – UNA NUEVA ESPERANZA

"Muchos años después Miguel me contó que él fue quien habló con todos los familiares y amigos que iban a la casa a animarme y les hizo prometer que nunca más me tocarían el tema del accidente, a menos que yo empezara a hablar de eso. Con la única persona que volví a hablar del accidente fue con mi querido hermano Miguel, quien ahora no está y me hace tanta falta. Él era la única persona que sabía hacerme sentir mejor." – agregó Ana.

Con el tiempo, dejé de llorar y un día Miguel me invitó a tomar mi cappuccino favorito, el mejor cappuccino de la ciudad. Después de tanto que insistió, por fin decidí acompañarlo. A partir de ese día empecé a sentirme mejor.

Pero el tiempo había transcurrido y perdí ese semestre completo de la universidad. La promesa que le hice a mi papá de terminar la universidad pasara lo que pasara estaba aún vigente así que me matricule para el siguiente año académico. Vivía sola y lo único que hacía en esa época era ir a la universidad y regresar a mi casa para estudiar.

Un día iba caminando apresuradamente porque iba retrasada para una clase. Iba completamente distraída y por el apuro me tropecé con José. Casi me caigo, pero gracias a sus fuertes brazos él pudo sujetarme. Creo que si él no me hubiera sujetado a tiempo, quizás me hubiera roto un brazo ese día. Nunca pensé que pudiera enamorarme nuevamente.

CHAPTER 25

"Many years later Miguel told me that he was the one who talked to all the family and friends who went to the house to cheer me up and he made them promise that they would never talk about the accident unless I started talking about it. The only person I ever spoke with again about the accident was with my dear brother Miguel, who is not here and I miss him so much. He was the only person who knew how to make me feel better," Ana said.

Eventually, I stopped crying and one day Miguel invited me to drink my favorite cappuccino, the best in town. After insisting for so long, finally I decided to accompany him. From that day I started feeling better.

But time had passed and I lost that whole semester of college. The promise I made to my father to finish college no matter what was still in place so I enrolled for the following academic year. I lived alone and all I did at that time was go to college and go home to study.

One day I was walking hurriedly because I was going to be late for a class. I was completely distracted and on the rush I stumbled upon Jose. I nearly fell, but thanks to his strong arms he could hold me. I think that if he had not held me in time, perhaps I would have broken an arm that day. I thought I could never fall in love again.

CAPÍTULO 26 – LA HERIDA DEBE SANAR

"Mamá, tú sabes que siempre puedes hablar conmigo, yo no tengo ninguna queja de ti como madre, ni como persona; te admiro ahora más que nunca. Cuando yo era niño fuiste enérgica cuando debías serlo, me educaste, me enseñaste y me diste todo tu amor. Lo mínimo que puedo hacer es apoyarte incondicionalmente. Sé que el día de hoy he sido un poco impaciente, pero puedo mejorar." - dijo Paco.

"Esto no se puede quedar solamente así." - recomendó el doctor. "Considere compartirlo con sus hijos y con su esposo. Esa herida debe ser sanada por completo y lo que ocurrió debe ser compartido con todas las personas importantes en su vida." - intervino el doctor, dirigiéndose a Ana.

"No, yo no puedo hacer eso ahora, ya ha pasado demasiado tiempo." - dijo Ana. "Cómo voy a decirle a José que tuve otra familia antes, otro hijo. Me va a odiar, va a abandonarme y si eso llegara a pasar me muero."

Paco tomo la foto del hermano que nunca conoció y la guardo en su cartera. Ana estaba tan preocupada que no se dio cuenta.

"No te preocupes mamá, yo me encargo de todo. Para mañana estoy llamando a una reunión familiar de urgencia. Todo va a salir bien. Yo voy a estar a tu lado apoyándote." – le dijo Paco mientras escribía por el chat a sus hermanos y a José para citarlos en la mañana temprano.

También aprovecha para escribirle a Carmen: "Te llamo en 5."

CHAPTER 26

"Mom, you know you can always talk to me, I have no complaints about you as a mother or as a person; I admire you more than ever. When I was a child you were severe when you should, you raised me, taught me and gave me all your love. The least I can do is support you unconditionally. I know that today I have been a little impatient, but I can improve," Paco said.

"This cannot be only among us," recommended the doctor. "Consider sharing with all your sons and with your spouse. That wound has to be healed completely and what happened should be shared with all the important people in your life," the doctor intervened, addressing Ana.

"No, I cannot do that now; it has already been too long," Ana said, "How am I going to tell Jose that I had another family before, another son? He will hate me, and leave me; if that happens I will die."

"Do not worry mom, I'll take care of everything. Tomorrow I'm calling a family emergency meeting. Everything will be OK. I'll be at your side supporting you," Paco said as he texts his brothers and Jose for the meeting in the early morning.

He also sends a text to Carmen: "I'll call you in 5."

CAPÍTULO 27 – LA DESPEDIDA

El doctor notó que la velocidad con la cual Paco estaba actuando podría hacerlos retroceder el avance que habían logrado el día de hoy con Ana e intervino para calmarla y para recordarle que los secretos de familia pueden llegar a ser emocionalmente tóxicos.

Paco aprovechó la distracción de Ana, tomó del bolso de ella la fotografía del hermano que nunca conoció y rápidamente la guardó en su billetera. Ana está tan preocupada por la reunión que Paco está organizando que no se dio cuenta de que la fotografía fue sustraída.

Paco se levantó decidido y se despidió del doctor. El doctor entendió que la consulta había terminado, le dio una tarjeta de presentación y se puso a la orden para cualquier cosa que necesitaran. Ana y Paco se habían topado con un médico que se interesa genuinamente por sus pacientes. Alguien que no solo cura ojos, cura personas.

Ana se levantó con la ayuda de su hijo, estaba visiblemente nerviosa. Se sentía aliviada porque ya Paco sabía todo lo que había pasado, pero estaba preocupada por lo que pudieran pensar de ella sus hijos y José.

El doctor, despidiéndose, trató de animar a Ana diciendo: "Ahora tiene a Paco como confidente, mañana tiene usted la oportunidad de liberarse finalmente de tantos secretos. Las puertas de mi consultorio están abiertas, buena suerte."

Paco le aseguró al doctor que continuarían en contacto y que, de ahora en adelante, toda la familia iba a tener un nuevo oftalmólogo porque él se encargaría de recomendarlo.

CHAPTER 27

The doctor noted that the speed with which Paco was acting could make the advance that had been achieved today with Ana go back, and so intervened to calm her and to remind her that family secrets may become emotionally toxic.

Paco takes advantage of the fact that Ana is distracted, taking the photograph of the sibling who he never met and quickly putting it in his wallet. Ana is so concerned about the meeting that Paco is organizing that she does not notice that the photograph was subtracted.

Paco gets up firmly and says goodbye to the doctor. The doctor understood that the appointment was over, so he gives Paco a business card and tells him that if they need something they should not hesitate to call him. Ana and Paco had come across a doctor who is genuinely interested in his patients. Someone who not only cures eyes, but cures people.

Ana got up with the assistance of her son and was visibly nervous. She was relieved because Paco knew everything that had happened, but worried about what their other sons and Jose might think.

The doctor, saying goodbye, tries to encourage Ana by saying, "Now you have Paco as a confidant, tomorrow you have the opportunity to finally break free of so many secrets. The doors of my office are open, good luck."

Paco assured the doctor that he would keep in touch and, from now on, the whole family would have a new ophthalmologist because he would take care of recommending him.

Ana se despidió del doctor con un abrazo, le agradeció por sus palabras y por toda su paciencia. El doctor iba apagando las luces del consultorio mientras caminaban hacia la puerta. Todos salieron juntos del consultorio. En el rostro del doctor se podía observar una pequeña sonrisa de satisfacción y orgullo. Aunque de una forma inusual, terminaba otro día en el cual él podía sentir que había cumplido su misión.

Ana said goodbye to the doctor with a hug, thanked him for his words and patience. The doctor turned off the lights of the office as they walked toward the door. Everyone left together from the office. You could see a smile of satisfaction and pride in the doctor's face. Although it was in an unusual way, he was ending another day in which he could feel that he had fulfilled his mission.

CAPÍTULO 28 – ANA ESTÁ PREOCUPADA

Cuando salieron del consultorio ya era de noche. Paco revisó los mensajes en su teléfono y ya todos los hermanos habían confirmado para la reunión de la mañana siguiente. También, estaban preguntando acerca del motivo de la reunión.

Llamó a Carmen según lo acordado, pero esta vez fue ella quien no le contestó.

Paco llevó a su mamá a casa sin cruzar palabras durante todo el camino; al llegar, se despidió y le sugirió que descansara. "Mamá, vendré mañana muy temprano para que hablemos juntos con el resto de la familia. Estoy seguro de que juntos lograremos que esto salga bien" – le dijo mirándola a los ojos.

José no leyó los mensajes, así que no se entero de la reunión. Él se había tomado unos medicamentos para el resfriado y estaba profundamente dormido, ni siquiera se dio cuenta cuando Ana llegó a la casa.

Esa noche Ana no pudo dormir. Se movía de un lado a otro sin lograr conciliar el sueño. Se sentía temerosa porque a la mañana siguiente su esposo y sus otros dos hijos conocerían su secreto. Quizás se enojarían con ella o quizás la rechazarían. Se lamentaba una y otra vez por no haber confiado en José antes. Arrepentida de la idea, llamó varias veces a Paco en medio de la noche para pedirle que por favor cancelara la reunión, pero Paco nunca contestó.

CHAPTER 28

When they left the clinic it was already dark. Paco checked the messages on his phone and all his brothers confirmed for the meeting the next morning. They were also wondering about the reason for the meeting.

He called Carmen as agreed, but this time it was she who did not answer.

Paco took his mother home without exchanging words the whole way; upon arrival, he said goodbye and suggested that she rest. "Mom, tomorrow I will come very early for us to talk together with the rest of the family. I am sure that everything will be fine," he said looking into her eyes.

Jose did not read the messages, so he did not find out about the meeting. He had taken medicine for his cold and was asleep, not even noticing when Ana came home.

That night Ana could not sleep. She moved from one place to another without being able to sleep. She was fearful because the next morning her husband and her other two sons would know her secret. They might be angry with her or perhaps reject her. She lamented again and again for not trusting in Jose before. Regretting the idea, she called Paco several times in the middle of the night to ask him to please cancel the meeting, but Paco never answered.

CAPÍTULO 29 – LA REUNIÓN

Está saliendo el sol, Ana se da un baño con agua caliente y se viste. Baja hacia la cocina apresurada para preparar el desayuno para José y para sus hijos que pronto estarán llegando. Ana está muy distraída y preocupada por lo que van a pensar los demás. Los huevos que estaba preparando se quemaron, las tortillas quedaron un poco crudas.

El timbre suena, Paco estaba en la puerta con unas hermosas rosas blancas, las flores favoritas de Ana. Paco también lleva un sobre debajo del brazo. Paco abraza a Ana y le asegura que todo va a salir bien.

"Todavía podemos cancelar la reunión" - sugirió Ana, quien aún se sentía insegura.

"Todo va a salir bien." - insistió Paco apresurándose a despertar a José quien todavía se encontraba profundamente dormido, bajo los efectos de la medicina para el resfriado. Los dos hermanos de Paco llegaron por separado. Trataron de comerse el desayuno que Ana había preparado, pero no pudieron hacerlo, al final solo tomaron café.

Normalmente, la comida que prepara Ana es excelente, así que supieron inmediatamente que algo no estaba bien. Primero les pareció extraña la invitación urgente de Paco, luego el desayuno incomible y por último la actitud distante y evasiva de Ana. No sabía exactamente qué estaba mal, pero sabían que estaban a punto de enterarse.

Mientras José se lava los dientes y se viste le pregunta a Paco cómo está. "Anoche tuve una de las peores peleas con Carmen, esta mañana todavía seguía furiosa y no quiso hablarme. Últimamente discutimos por todo..." – Paco se desahogó con su padre.

CHAPTER 29

The sun is coming out, Ana takes a bath with hot water and gets dressed. She hurries down to the kitchen to prepare breakfast, for Jose and her sons that would soon be arriving. Ana is very distracted and worried about what the others will think. The eggs that she was cooking were burnt, tortillas were a little raw.

The doorbell rings; Paco was standing there with beautiful white roses, Ana's favorite flowers. Paco also had an envelope under his arm. Paco hugs Ana and assures her that everything will be okay.

"We can still cancel the meeting," suggested Ana, who still feels insecure.

"Everything will be alright," Paco insisted, rushing to wake Jose who was still asleep under the effects of cold medicine. Paco's two brothers arrived separately. They tried to eat the breakfast Ana had prepared, but they could not, so in the end they only had coffee.

Normally, the food that Ana prepares is excellent, so they knew immediately that something was not right. First the urgent invitation of Paco seemed strange, the inedible breakfast and then finally the distant and evasive attitude of Ana topped it off. They did not know exactly what was wrong, but they knew they were about to find out.

While Jose brushes his teeth and gets dressed he asks Paco how he feels. "Last night I had one of the worst discussions with Carmen, this morning she was still angry and refused to talk. Lately we've argued for everything..." Paco vented to his father.

CAPÍTULO 30 – PACO APOYA A ANA

Cuando José estuvo listo, Paco lo acompañó hasta la cocina donde se reunieron con los demás que los esperaban impacientemente.

Ana buscó refugio en la cocina, tratando inútilmente de preparar algo que no se le quemara. Sin decirle nada, Paco apagó la estufa, tomó a Ana de la mano y le dijo a los demás que pasaran a la sala.

Se podía escuchar el canto de las aves. Ana permaneció en silencio. Paco tomó la iniciativa y empezó diciendo: "El día de ayer me enteré de algunos hechos." Paco hizo una pausa y luego continuó: "Yo hubiera preferido que nuestra madre les contara ella misma lo ocurrido, pero toda esta situación ha sido muy difícil para ella. Ella ha guardado un secreto por muchos años y el día de ayer nos dimos cuenta juntos de que guardar ese secreto le está causando posiblemente más daño que lo que le pudiera causarle simplemente compartirlo con nosotros."

Ana trató de evadir la conversación: "En realidad esto no es nada urgente ni es necesario hablarlo justo ahora. Además, ya se hizo tarde y todos deben ir a trabajar. Mejor lo hablamos otro día."

"No mamá, siempre has estado con nosotros en las buenas y en las malas. Ahora es nuestro turno de estar aquí para ti" – intervino Paco antes de que alguien pudiera reaccionar.

En señal de apoyo, Paco se sentó a un lado de Ana y la tomó de la mano.

CHAPTER 30

When Jose was ready, Paco walked him to the kitchen where they met the others who were waiting impatiently.

Ana took refuge in the kitchen, trying in vain to make something that wouldn't be burned. Without saying anything, Paco turned off the stove, took Ana's hand and told the others to go to the living room.

They could hear the birds singing. Ana remained silent. Paco took the initiative and started talking, "Yesterday I found out about some things." He paused and then continued, "I would have preferred that our mother tell you, but this whole situation has been very difficult for her. She has kept a secret for many years and yesterday we realized that keeping that secret was possibly causing more damage, than what simply sharing it with us would."

Ana tried to avoid the conversation: "Actually this is nothing urgent or necessary to talk right now. Also, everyone should go to work. Better we talk another day."

"No mom, you've always been with us in good and bad times. Now it is our turn to be here for you," Paco intervened before anyone could react.

As a sign of support, Paco sat beside Ana and hold her hand.

CAPÍTULO 31 – TODOS SABEN EL SECRETO

Todos estaban atentos y ansiosos por saber lo que estaba pasando.

Ana bajó la cabeza y sintiendo una mezcla de vergüenza y culpa empezó a hablar: "Lo que les voy a contar me ocurrió hace muchos años, mucho antes de conocer a José, yo todavía era muy joven …"

Ana relató toda la historia, incluso con más detalles de los que había dado la noche anterior. Cuando terminó de hablar, ella levantó su cabeza y vio temerosa como a sus tres hijos les corrían lágrimas por sus rostros.

José estaba parado de espaldas a Ana y con la mirada fija e el piso, su respiración era corta. Ana no sabía cómo interpretar lo que hacía José y se puso nerviosa imaginando lo peor. Después de haber guardado este secreto por tantos años con la idea de no perder a José, ahora tiene dudas y piensa que quizás debió contarle todo desde el principio; pero ya es tarde para eso.

Su hijo mediano, Juan se secó las lágrimas con un pañuelo y se acercó a su madre lentamente. Se sentó al otro lado de Ana y le dijo: "Pensé que estabas enferma, que tenias cáncer o algo peor. Así que por una parte debo decirte que me siento aliviado. Es cierto que me hubiera gustado saber todo esto antes para entender muchas cosas que pasaron durante nuestra infancia y que hasta ahora no había podido entender claramente. Sin embargo, me alegro de que hayas decidido dejar de cargar con tanto dolor. Te amo mamá. Gracias por ser quien eres."

El hijo menor, Kevin, un hombre de pocas palabras, se acercó y le dio un abrazo a Ana. Él solo dijo: "Te Amo."

José sigue callado, como dialogando consigo mismo. Todos quieren saber qué opina él de todo esto.

CHAPTER 31

Everyone is attentive and eager to know what is happening.

Ana lowered her head and felt a mixture of shame and guilt, then she began to speak: "What I will tell you happened to me many years ago, long before I met Jose, I was very young..."

Ana told the whole story with even more detail than she told the previous night. When she finished speaking, she lifted her head and gazed fearfully how her three sons had tears streaming down their faces.

Jose was standing with his back to Ana and his gaze fixed on the floor, and his breath was short. Ana did not know how to interpret Jose's behavior and became nervous, imagining the worst. Having kept this secret for so many years with the idea of not losing Jose, now Ana has doubts and thinks that perhaps she should had told everything from the beginning; but it was too late for that.

Her middle son, Juan, wiped his eyes with a handkerchief and walked slowly towards his mother. He sat across from Ana and said, "I thought you were sick, that you had cancer or worse. So on one hand I must say I am relieved. Admittedly, I wish I knew all this before to understand the many things that happened during our childhood that so far we had not been able to understand clearly. However, I'm glad you decided to stop carrying so much pain. I love you mom. Thank you for being who you are."

The youngest son, Kevin, a man of few words, approached and gave Ana a hug. He just said, "I love you."

Jose remains silent, like he was talking to himself. Everyone wants to know what he thinks about Ana's past.

CAPITULO 32 – EL SECRETO NO ERA SECRETO

"Cuantos años han pasado…" - dijo José mientras se voltea y mira a Ana. Él ya se había secado las lágrimas porque no quería que su esposa y sus hijos lo vieran llorar.

El corazón de Ana latía cada vez más rápido.

José camina lentamente hasta donde está Ana y continua hablando: "Hace muchos años atrás, cuando te propuse matrimonio, Miguel me invito a comer. Fui muy contento a aquella cena porque ingenuamente pensé que el objetivo de la misma era planificar mi despedida de soltero. Ese día, y sin decirte nada a ti, tu hermano me contó todo lo que te había pasado."

Ana no lo podía creer, ella había guardado silencio por tantos años ignorando que ya José lo sabía todo.

"Tu hermano me hizo prometerle que solo hablaría contigo de esta gran tragedia si tú decidías hablarme al respecto. Por eso, cada vez que me pedías que te llevara a visitar a Miguel te llevaba sin cuestionar nada y sin indagar tus razones."

CHAPTER 32

"How many years have passed..." - Jose said as he turns and looks at Ana. He wiped his tears because he did not want his wife and sons to see him cry.

Ana's heart was beating faster and faster.

Jose slowly walks up to where Ana is and continued speaking, "Many years ago, when I proposed marriage, Miguel invited me to eat. I went very happy to that dinner because I naively thought that the purpose of it was planning my bachelor party. That day, without saying anything to you, your brother told me everything that had happened to you."

Ana could not believe it; she had been silent for so many years, yet Jose knew everything.

"Your brother made me promise that I would only talk to you about this great tragedy if you decided to talk to me about it. That is why each time you asked me to take you to visit Miguel I took you without question and without asking for your reasons."

CAPÍTULO 33 – EL GRAN ABRAZO

José continúo. "Después de aquella cena con Miguel yo quedé muy confundido. Quizás ya no lo recuerdes, pero después de que te propuse matrimonio no nos vimos por una semana. Recuerdo que me preguntaste si me había arrepentido de casarme contigo.

Durante esos días estuve pensando y debatiendo conmigo mismo si debía preguntarte acerca de tu pasado, o no. Yo quería hacer lo correcto, pero no sabía qué era lo correcto. Tuve dudas, no estaba seguro si debía o no casarme contigo. Pensé en romper la promesa que le hice a Miguel y simplemente decirte que ya lo sabía todo. Se me ocurrió que de ese modo, todo sería más fácil por si algún día querías hablar conmigo sobre la tragedia. Muchas otras cosas me pasaron por la mente.

Después de varios días meditando, llegué a la conclusión de que los golpes de la vida, aunque son dolorosos, nos hacen ser quienes somos. Después de recibir un golpe tan duro como el que tú sufriste me sentí muy contento de que me hubieras escogido a mí para volver a intentarlo y de que juntos pudiéramos formar una familia."

Ana, sumida aún en el sentimiento de culpa, se levanta con la ayuda de Paco y camina hasta donde está José. Ella le pide perdón por no haberle contado su gran secreto. José la abrazó; esa mañana el abrazo fue fuerte y lo más importante sin secretos. Uno a uno los hijos fueron uniéndose al abrazo.

CHAPTER 33

Jose continued. "After that dinner with Miguel I was very confused. You may no longer remember, but after proposed marriage we did not see each other for a week. I remember you asked me if I had regretted marrying you.

During those days I was thinking and debating with myself whether I should ask you about your past or not. I wanted to do the right thing, but did not know what was right. I had doubts; I was not sure whether or not to marry you. I thought about breaking the promise I made to Miguel and just telling you that I already knew everything. It occurred to me that in this way, everything would be easier if someday you wanted to talk to me about the tragedy. Many other things passed through my mind too.

After several days meditating, I came to the conclusion that the blows of life, even though they are painful, make us who we are. After receiving such a heavy blow as the one you suffered I felt very happy that you had chosen me to try again and that together we could raise a family."

Ana, still mired in guilt, rises with the assistance of Paco and walks up to where Jose was. She apologizes for not telling him her big secret. Jose hugs her; that morning the hug was strong and most importantly without secrets. One by one the sons joined the hug.

CAPITULO 34 – MÁS SECRETOS

Paco fue el primero en separarse del grupo porque tenía otra sorpresa para su familia; abrió el sobre que mantuvo todo este tiempo bajo el brazo. Sacó la fotografía ampliada que Ana había guardado por tantos años. Paco les mostró la foto a sus hermanos y todos la recordaron como la foto misteriosa que Ana guardaba en su bolso. Paco colocó la versión ampliada en la mesa donde están todas las fotografías de la familia y le devolvió la fotografía original a su madre.

Juan es el más reservado de los tres hermanos, les pide a todos que por favor le presten atención, porque él tiene algo que decirles. "Yo también tengo un secreto. Como saben, trabajo en una empresa de construcción y en el último año hemos ganado varios contratos importantes con el Gobierno. El problema es que hay en este momento una investigación por corrupción que involucra a mi empresa. Yo nunca me involucré en ningún delito, pero mi abogado dice que si la fiscal no encuentra pruebas por acción, ella podría decidir formularme cargos por omisión. Esto está apenas empezando y pensé que lo mejor era que nadie lo supiera. Sin embargo, después de lo que ha pasado hoy aquí, siento que lo correcto es decírselos y pedirles su voto de confianza y apoyo."

"Bueno familia, quiero que sepan que perdí mi empleo hace seis semanas, cuando se completó la fusión de mi antigua empresa y la empresa coreana. Me sentí tan avergonzado e impotente que preferí fingir que todo estaba normal, al menos hasta que consiguiera un nuevo empleo. El proceso de conseguir empleo ha resultado más largo y difícil de lo que esperaba y hasta el momento nadie me ha hecho una oferta firme. Sigo buscando, pero... Bueno, ese es mi secreto..."

CHAPTER 34

Paco was the first to leave the group because he had another surprise for his family; He opened the envelope that he had held all this time under his arm. He took out the enlarged photo that Ana had saved for years. Paco showed the photo to his brothers and everyone remembered it as the mysterious photo Ana kept in her purse. Paco placed the enlarged version on the table where all the family photographs were and returned the original photograph to Ana.

Juan, the quietest of the three brothers, asked everyone to pay attention to him, because he had something to say. "I also have a secret. As you know, I'm working in a construction company and last year we won several major contracts with the government. The problem is that there is currently an investigation on corruption that involves my company. I never got involved in any crime, but my lawyer says that if the prosecutor finds no evidence of criminal action, they could decide to formulate charges for possible omissions. This is only the beginning and I thought it was best that nobody knew. However, after what happened here today, I feel that the right thing to do is to tell you all about it and ask for your trust and support."

Kevin then spoke. "Well family, I want you to know that I lost my job six weeks ago, when the merger of the old company and the Korean company was completed. I felt so ashamed and powerless I preferred to pretend that everything was normal, at least until I got a new job. The process of finding a job has been longer and more difficult than I expected and so far no one has made me a firm offer. I keep looking, but... well, that's my secret... "

Paco hizo un gesto como indicando que le tocaba a él hablar, pero José (quien no ha dejado de abrazar a Ana) se adelantó. "Ana ya lo sabe, pero a ustedes tres nunca les he contado que estuve en prisión casi un mes en Nicaragua. Es una historia un poco larga, así que otro día se las contaré en detalle. Ya que todo el mundo está diciendo sus secretos me pareció una buena oportunidad para sacar eso de mi pecho, de una vez por todas." – relató José tratando de hacerlo lo más brevemente posible.

Antes de que salieran de su asombro por lo que José acababa de revelar, Paco habló: "Le prometí a Carmen que no le contaría esto a nadie... A Susana le ofrecieron drogas en la escuela y nos mintió al respecto; como ella sólo tiene once años pensamos que el tema no era nada serio. Cuando descubrimos que nos había mentido revisamos sus cosas y efectivamente encontramos un cigarro. Ella insiste en que no es suyo, pero ya no sabemos qué creer. Varios padres fuimos citados a la escuela y es posible que la expulsen, en el peor de los casos. Al parecer nos descuidamos y se juntó con el grupito equivocado... Nadie te prepara para lidiar con algo así. Ahora Carmen se va a enfurecer conmigo por haberles contado, pero necesitaba hablar de esto con alguien que no fuera Carmen. Este es mi gran secreto."

Paco made a gesture as a sign that it was his turn to speak, but Jose, who had continued to hug Ana, was ahead. "Ana already knows this, but we have never told the three of you. I was in prison for nearly a month in Nicaragua. It's a rather long story, so I will tell it in more detail another day. Since everyone is telling their secrets it seemed like a good opportunity to get that off my chest, once and for all," Jose recounted, trying to do it as briefly as possible.

Before recovering from their astonishment by what Jose had just revealed, Paco spoke, "I promised Carmen that I would not tell this to anyone... Susana was offered drugs at school and she lied about it; as she's only eleven we thought the issue was not serious. When we found out that she lied to us, we checked out her stuff and found a cigarette. She insists that it is not hers, but we no longer know what to believe. Several parents were summoned to the school and it is possible that she'll be expelled, in the worst case. Apparently we neglected her and she joined the wrong crowd... nobody prepares you to deal with something like that. Now Carmen is going to be angry with me for telling you, but I needed to talk about it with someone that was not Carmen. This is my big secret."

CAPÍTULO 35 - ¡LÁGRIMAS!

La alarma del teléfono de Paco empieza a sonar para recordarle que tiene una reunión importante a la cual no puede faltar.

José, viendo que Paco está por salir les dice: "Hijos, yo no soy tan sabio como lo era su tío Miguel, pero si les sirve de algo, sólo quiero que sepan que su madre y yo estamos orgullosos y felices de tener hijos como ustedes y les recuerdo que pueden contar siempre con nosotros".

"Tengo que irme ya para asistir a una reunión importante. ¿Qué les parece si esta noche vamos todos a cenar?" - propuso Paco. Los hermanos contestan que sí de inmediato. Ana y José continúan abrazados, pero al oír acerca de la cena José, a quien le encanta comer, se separa de Ana.

Ahora todos pueden ver el rostro de Ana. Finalmente, sus ojos están llenos de lágrimas, lágrimas de felicidad.

Paco sacó su teléfono para tomarle una foto a su mamá. Ana no quiere. "No, por favor. Ahora debo verme muy fea."

Paco no le hizo caso y de todos modos le tomó la foto: "Esta foto es para mandársela al doctor" - explicó. Entonces, escribió en su teléfono mientras enviaba la fotografía al doctor. "Gracias doctor, mi mamá después de tantos años tienes lágrimas de felicidad en sus ojos. Mil gracias." En las últimas veinticuatro horas Paco aprendió que guardar un secreto tiene consecuencias; ahora estaba por descubrir que revelar un secreto también tiene consecuencias.

CHAPTER 35

Paco's phone alarm starts ringing to remind him of an important meeting that he cannot miss.

Jose, noticing that Paco is about to leave tells them, "I am not as wise as Uncle Miguel was, but if it serves all of you, I just want you to know that your mother and I are proud and happy to have you as our sons and just to remind you that all of you can always count on us."

"I have to go now to attend an important meeting. What if tonight we all go for dinner?" suggested Paco. His brothers said yes immediately. Ana and Jose keep hugging, but as soon as he hears about dinner, because he loves to eat, he separates from Ana.

Now everyone can see Ana's face. Finally, her eyes are full of tears, tears of happiness.

Paco took out his phone to take a picture of his mother. Ana didn't want him to. "No, please no. Now I look very ugly."

Paco ignored her and took the photo anyway: "This photo is to send to the doctor," he explained. Then he wrote on his phone while sending the picture to the doctor. "Thank you doctor, my mother after so many years has tears of joy in her eyes. Thanks," In the last twenty-four hours Paco learned that keeping secrets has consequences, but now he is about to discover that revealing a secret also has consequences.

SOBRE LA AUTORA

Mayra inicia su carrera como escritora, con historias inspiradoras para niños. Después de ser autora del Best Seller "Nunca, Nunca, Nunca te Rindas" decide incursionar en la escritura de historias cortas para personas que están aprendiendo Español.

"La Mujer sin Lágrimas" escrita en formato bilingüe ha sido Best Seller en varias ocasiones en formato Kindle.

Puede contactar a Mayra a través de su cuenta de twitter @MayraADiaz1 si tienes alguna duda sobre el significado de alguna palabra, si quiere practicar tu español o conocer un poco más de ella.

63810215R00051

Made in the USA
Lexington, KY
19 May 2017